Charlotte aux Fraises™

Le Noël magique
de Charlotte aux Fraises

Histoire d'Amélie Lamirand • Illustrée par Céline Théraulaz • Conception Turbulences Presse

hachette
JEUNESSE

Ce soir, Angélique est chagrinée. Les fraisi-amis n'ont toujours pas décidé de l'endroit où ils vont se retrouver pour passer le réveillon de Noël.

« Fleur d'Oranger veut que la fête ait lieu chez elle, Cookinelle aussi. Charlotte aux Fraises a illuminé son jardin, et moi je rêvais d'inviter mes amis à la pâtisserie, confie-t-elle à Vanille Délice qui s'approche pour la consoler. Je vais appeler Charlotte aux Fraises, elle aura certainement une solution ! » dit Angélique, pleine d'espoir.

Angélique décroche son téléphone.

« Bonjour Charlotte aux Fraises !

— Angélique ! J'allais justement t'appeler. J'ai déjà appelé Fleur d'Oranger et Coco-Berry, mais je n'ai pas réussi à avoir Cookinelle. Elle doit être débordée à la Biscuiterie...

— Ah... Alors vous n'avez rien décidé pour demain... se désole Angélique.

— Si ! J'ai eu une fraisi-bonne idée… fanfaronne Charlotte aux Fraises.

— Raconte-moi !

— Et bien je ne peux pas t'en dire plus, car c'est une surprise ! Il faut que tu sois à dix-huit heures, à l'orée de la Forêt des Dragées, avec un plat que tu auras préparé et ta plus belle robe de soirée ! » dit-elle avant de raccrocher.

Le lendemain, chaque fraisi-amie est à l'heure au rendez-vous fixé par Charlotte aux Fraises. Les filles, vêtues de leurs plus belles robes de soirée, se sont toutes couvertes d'une cape de fourrure. Chacune a apporté sa spécialité : bonshommes de pain d'épices, citrons confits, orangettes au chocolat et tiramisu de Noël.

« Nous sommes impatientes de découvrir ta fraisi-surprise ! s'exclame Baba Hortensia en accueillant Charlotte aux Fraises.

— Suivez-moi, ce n'est qu'à quelques macarons d'ici… répond-elle, mystérieuse.

— J'ai hâte d'y être », avoue Angélique.

Les filles traversent la Forêt des Dragées et se retrouvent devant le Club de l'Amitié, illuminé de mille couleurs pour Noël.

Les filles sont émerveillées devant toutes ces fraisi-lumières.
« C'est magnifique Charlotte aux Fraises, la félicite Mimie Citron.
— Merci… dit Charlotte aux Fraises en rougissant. C'est aussi grâce à Coco-Berry ! Comme nous n'arrivions pas à nous décider, je me suis dit que le Club de l'Amitié était l'endroit idéal pour réveillonner tous ensemble.

— C'est une excellente idée, admet Baba Hortensia.

— Et une délicieuse surprise », ajoute Angélique.

Les filles poussent la porte du Club de l'Amitié. Coco-Berry, coiffé d'un grand chapeau, les accueille en les saluant une à une.

À l'intérieur, une immense table est dressée. Charlotte aux Fraises et Coco-Berry l'ont décorée de guirlandes scintillantes et de bougies parfumées.

« Quelle belle table de réveillon ! s'exclame Angélique.

— Prenez place, dit Coco-Berry en invitant les fraisi-amies à s'asseoir.

— Ce repas de Noël s'annonce merveilleux pour nos yeux et aussi nos papilles… dit Baba Hortensia en installant les préparations de chacun sur la table.

— Mettons-nous vite à table ! » propose Mimie Citron en riant.

Le repas se déroule à merveille. Les fraisi-amis s'amusent beaucoup à écouter les histoires des uns et des autres. Coco-Berry a tant d'histoires drôles à raconter !

« Que diriez-vous d'une petite infusion ? propose Mimie Citron à la fin du repas.

— Bonne idée, je viens t'aider, dit Coco-Berry.

— Nous allons en profiter pour nous mettre en pyjama, dit Cookinelle.

— J'espère que cette année, nous arriverons à veiller jusqu'à l'arrivée du père Noël, confie Angélique.

— J'aimerais tant le rencontrer ! dit Cookinelle.

— On lui ferait goûter nos fraisi-spécialités, continue Charlotte aux Fraises.

— Oui, mais nous commençons déjà à tomber de sommeil, ajoute Mimie Citron, en bâillant. Alors comment faire ?

— J'ai une idée ! s'exclame Angélique. Nous allons veiller à tour de rôle. Et dès que l'un d'entre nous entendra quelque chose, il réveillera les autres.

— Super ! dit Cookinelle.

— Je commence à veiller avec Pralinette. Vous pouvez dormir tranquillement et compter sur nous ! annonce Angélique.

— Dans une heure, je prends la relève avec Clafoutis ! déclare Charlotte aux Fraises.

— Ensuite, ce sera mon tour, dit Cookinelle. Puis celui de Fleur d'Oranger, Coco-Berry, Baba Hortensia et enfin Mimie Citron. »

Tout semble bien organisé pour ne pas rater le père Noël. Et pourtant…

« Ouaf ! » aboie Clafoutis au petit matin. Les fraisi-amis se réveillent en sursaut.

— Oh, non, il fait jour ! Nous avons dormi toute la nuit, constate Fleur d'Oranger.

— Angélique et Pralinette dorment encore… dit Baba Hortensia en riant.

— Nous avons encore loupé le père Noël, constate Coco-Berry en découvrant tous les cadeaux au pied du sapin.

— Mais regardez, il nous a laissé un mot ! » dit Charlotte aux Fraises en brandissant une jolie carte en forme d'étoile. Elle lit :

Mes chers enfants,
je vous souhaite un joyeux Noël !
A l'année prochaine...

Père Noël

PS : J'espère que vous ne m'en voudrez pas, mais je n'ai pas osé réveiller de si jolis ronfleurs !

Dérangées par le remue-ménage, Angélique et Pralinette se réveillent enfin.

« Mais, quelle heure est-il ? demande Angélique.

— Il est presque neuf heures ! déclare Charlotte aux Fraises en riant. Et le père Noël est passé...

— Je suis désolée... dit Angélique, le cœur serré.

— Ce sera pour l'année prochaine, la console Cookinelle. Viens plutôt prendre ton petit déjeuner. On ouvrira nos cadeaux après. »

Les fraisi-amis sont attablés pour le petit déjeuner lorsque tout à coup quelqu'un frappe à la porte du Club de l'Amitié.

« Entrez ! » crie Coco-Berry. La porte s'ouvre aussitôt sur quelqu'un qui laisse tous les fraisi-amis bouche bée : le père Noël en personne !

« Père Noël ! s'exclament les enfants.

— Bonjour ! Je reviens ce matin car j'ai oublié le cadeau de Pralinette, explique-t-il, en déposant un paquet sous le sapin.

— Et bien, si votre tournée est terminée… Que diriez-vous de prendre votre petit déjeuner avec nous ? propose timidement Charlotte aux Fraises.

— Dites oui ! supplient les fraisi-amis.

— Et bien, je n'ai pas l'habitude d'accepter les invitations… Mais pour une fois, ce sera avec plaisir. Je suis épuisé, dit-il en s'asseyant avec les fraisi-amis. Je n'ai pas ronflé toute la nuit moi », ajoute-t-il en faisant un clin d'œil à Angélique.

Tout d'abord, les fraisi-amis sont très timides : ce n'est pas tous les jours que l'on s'assoit à la même table que le père Noël ! Mais quelques tartines plus tard, Charlotte aux Fraises lui confie :

« Tu sais père Noël, en acceptant de partager notre petit déjeuner, tu nous as fait le plus fraisi-inoubliable des cadeaux ! »

TES FRAISI JEUX

Aide Charlotte aux Fraises et le père Noël à n'oublier personne.
Barre tous les jouets qui n'apparaissent pas dans la liste.
Combien en reste-t-il ? Où se cachent Clafoutis et Pralinette ?

Retrouve la même boule que celle qui est entourée.

TES FRAISI JEUX

Relie chaque cadeau à l'objet qu'il contient.
Il reste un paquet en trop. Qu'y a-t-il à l'intérieur ?

TES FRAISI JEUX

Aide-moi à rejoindre le Club de l'Amitié. Combien d'animaux comptes-tu dans le labyrinthe de neige ? Nomme-les.
Retrouve les trois flocons ci-dessous dans l'image.

Termine et colorie ces guirlandes.

Quel chemin permet à Clafoutis de rejoindre ses fraisi-truffes ?

TES FRAISI JEUX

Déchiffre le code et découvre ce que dit Charlotte aux Fraises.

JOYEU
NOLE

Colorie Charlotte aux Fraises.